Heinrich Preschers

Fasten-Gedancken über das bittere Leiden und Sterben Christi Jesu

Heinrich Preschers

Fasten-Gedancken über das bittere Leiden und Sterben Christi Jesu

ISBN/EAN: 9783744703215

Hergestellt in Europa, USA, Kanada, Australien, Japan

Cover: Foto ©Lupo / pixelio.de

Weitere Bücher finden Sie auf **www.hansebooks.com**

Gedancken/

Uber

Daß Bittere Leyden und Sterben

CHRISTI JESU,

Unsers

Heyl=und Seeligmachers

Durch

Zwey Fasten=Zeiten

gesamblet

Und

Von Einem sonst nicht sonders Andächtigen

verfasset.

Und

ANNO 1688. in offnen Druck

gegeben.

Samlet Euch Schätze im Himmel. Matth. 6. Cap.

An den Leser.

SOnders Großgünstig geneigter Leser. *Sat Cito si sat bene* ist ein uralt Lateinisch Sprichwort/ und daß sich besser sey endlich als niemahlen bekehren lehret uns so wohl das alte als neue Gesetz. *Gen.* am 35. *Cap.* Wie die Kinder Jacobs die Abgötter vergruben/und GOtt hingegen ein geheiligt Altar aufbaueten nahm sie der Allmächtige wieder zu Gnaden an. *Gen.* am 45. Beschenckte Joseph seine Brüder (die ihm doch in ein Gruben geworffen/ verkauffet/ und grossen Schmach gethan:) Als sie ihre Schuld bekanten/ und umb Gnade fleheten/ mit vielen Reichthümern. *Exod.* am 6. Verziehe der HErr den Kindern Israel in der Wüsten ihr Murmeln und Undanckbarkeit. *Exod.* am 33. versöhnte Moyses den erzürnten GOtt über das aufgerichtete Goldene Kalb. *Lev.* am 3. Opfferte Aron vor des gantzen Volckes Sünde Brand- und Versöhnungs-Opffer und erhielte Gnade. *Num.* am 25. Verziehe der HErr dem Israelitischen Volcke die Moabittische Hurerey weil sie Busse thaten. *Deut.* am 9. Erlangte Moyses durch sein Gebeth Verzeihung und Vergessenheit aller vorher begangenen Sünden. *Deut.* am 13. verspricht GOtt selbst allen Bußfertigen Barmhertzigkeit. am 3. der Richter: Wie die Kinder Israel zu GOtt schryen umb Verzeihung/ daß sie mit den Heyden Heydnisch gelebet hätten/erlöst Er sie/und vergab ihnen durch Othoniel. am 6. der Richter/erlöste GOtt das Volck Israel auf ihr Gebeth und Buß/ von der Midianiter Unterdruckung durch Gedeon. am 10. der Richter. Wie die Kinder Israel ihre Sünden erkenneten und umb Gnade bathen / stillete endlich sich der Zorn GOttes der gantzer 18. Jahr in der Straff: geschwebet. am 2. Buch der Könige am 12. Verziehe GOtt dem David dem Ehebruch / nachdem er Buß gethan / und mit zerknirschten Hertzen GOtt umb Verzeihung gebeten durch Nathan. Im 3. Buch der Könige am 21. verziehe GOtt Achab den Todschlag Naboths wie er seine Kleider zerriß einen Sack umb seinen Leib gürtete / und allerhand Bußwerck übete. Im 4. Buch der Kön. am 19. zerriß Ezechias seine Kleider / und thäte Buß / wurde dardurch samt seinem Volcke von dem Könige der *Assyrier* erlöst. Item am 20. verlängerte Gott *Ezechia* sein Leben / umb weilen / er darumb inbrünstig anhielt. Im Anderten Theil der Königl. Cronic. am 15. Cap. bewegte der Prophet *Isaias* den König *Asa* daß er alle Abgötterey verließ / und zu dem wahren GOtt sich wendete. Item am 19. in dem vorigen bekehrte sich das Volck durch *Josaphat* zu GOtt. Item *Eod.* am 34. versöhnte und vereynigte Josias das Volck mit Gott von neuen durch Abthuung der Heydnischen Götzen-Bilder. *Esdrę* am 1. Gab GOtt Cyro ein / durch demüthiges Gebeth seines Volckes beweget / daß Er die Kinder Israel von der Babylonischen Gefängnüs frey und ledig nach Jerusalem ziehen lies. Item am 19. verziehe GOtt dem Volck ihre Sünden / wie sie Buß thaten / und die frembde Weiber von sich stiessen am 16. des 4. Buchs Estre. will GOtt dieselbigen die sich zu Ihm bekehren / behütten vor allem Ubel. Durch Judith Buß / härene Kleider und Aufsträuung der Asche / bewegte sie GOtt / daß bey Enthauptung *Holoferni* seine starcke Hand sie leitete / und dadurch das bedrängte Jerusalem auff freyen Fuß setzete: Wie zu lesen Judith am 9. Job. am 5. Verheisset Gott denen Fromen / und so sich zu ihm bekehren / alles Gutes im künfftigen Leben. Und endlichen am 11. genañtem Jobs ist Gott allen Bußfertigen Barmhertzig. Sol-

Solche und dergleichen Beyspiel mehr könte man so wohl auß den bereits durchblätterten als nachfolgenden Propheten beweisen/wannen nicht so wohl/ eines jedwedern selbst beywohnende Wissenschafft als auch allzu grosse Weitläuffigkeit zu verhütten/und daß daß nachfolgende neue Gesetz verboten. Dannenhero findet man *Matth.* am 8. das Christus einen Außsätzigen reinigte / des Hauptmanns Knecht gesund machte / Petri Schwieger vom Fieber erlöste/und auch viel Teuffel außtriebe. am 9. heilte Christus den Gichtbrüchtiegen / erlöste des Fürsten Tochter und das krancke Weib von ihren Kranckheiten/denen zweyen Blinden gab Er das Licht / und denen StummBesessenen die Sprach. am 15. genösete Christus das Cananeische Weibes Tochter/als sie jhm vor dem Sohn Davids erkante/ und jhn umb Erbarmnüß anruffte. Bald darauf am 17. erlangte ein Mann durch sein Bitten die Befreyung seines Sohnes von der Mondensucht/und Besitzung des Teuffels. am 20. Beschenckte Christus die zwey auf dem Weg sitzende Blinde; Nachdem sie seine Allmacht erkant hatten mit ihren Augen. *Marci* am 2. Ruffte JEsus *Matthæum* von Zoll/ am 5. genöste Christus das Ertzsinagogers Tochter/ und entledigte das Weibel von Blutfluß. Der blinde *Bartimæus* erlangte sein Gesicht von Christo *Marci* am 10. Die arme Wittbe erhielte mit der geringsten Gab den grösten Lohn. *Marci* am 12. Petrus hatte Christum verlaugnet / erkente aber seine Schuld durch Weinen / erhielte Gnad / *Marci* am 14. *Luc.* am 7. Vergab Christus *Mariæ Magdalenæ* ihre Sünden / weil sie ihr zerknirschtes Hertz bey dem Füssen Christi aufgeopffert. *Luc.* am 14. vermahnet Christus selbst die Juden zur Buß und Besserung ihres Lebens/wann Er ihnen die Galliläer vorwirfft. Wie der Heyland ingleichen Capitel das krumpe und nicht sehende

Weib heilete/kunt man anders als die Barmhertzigkeit Christi verspühren? Wohin ziehlet wohl die Gleichnüs *Luc.* am 15. Mit dem verlohrnen hunderten Schafe? als das Christo die gröste Freude sey/einem Sünder von dem Irrwege bekehrt zu wissen. Musten sich nicht die zehn Aussätzigen dem Priester weisen? damit sie rein und geheylet worden. *Luce* am 17. Von Zacheæ Bekehrung schreibet *Lucas* am 19. Erbarmte sich JESUS nicht des Schächers/da er GOtt erkante? *Luce* am 23. Das Königl. Söhnlein machte Christus gesund. *Joh.* am 4. genöste nicht Christus den am Schwemteich liegenden. *Joh.* am 5. JESUS gab den Blind gebohrnen sein Gesicht. *Joh.* am 9. GOtt verziehe *Thomæ* seinen Unglauben. *Joh.* am 20. Solche und dergleichen mehr kan man wie gemeldet/so wohl auß den Alten als Neuen Heyl: Testament beweisen / da dann dem Allerhöchsten nichts liebers als ein Bußfertiges und zerknirschtes Hertz gefället / dahin gegen sich niemahlen zu bekehren / ewig Göttliche Rach nach sich ziehet. Wie auß den Alten Testament zu sehen. *Genesis* am 4. Erschlug *Cain* seinen Bruder *Abel*, gab GOtt trotzige Antwort / und ward darüber verbannet auß GOttes Angesicht/und muste flüchtig werden/ *Exod.* am 14. Ersoffe Pharao mit allen seinem Gefolge in rothen Meer. *Lev.* am 10. Verbannte *Aaron* seine zwey Söhne / weil sie vom frembden Feuer Opffer gemacht hatten. *Num:* am 11. Ward das Volck so wieder GOTT murrete gestrafft. *Num.* am 12. Wurden Moyses Bruder und Schwester weil sie wieder Ihm murreten mit dem Außsatz beleget / *Dathan* und *Abiron* worden von Gott wegen Aufruhr gegen ihre Obrigkeit gestraffet. In dem Buch der Richter am 9. wurde *Abimilech* von Thebes tod geschlagen. Daß sich Saul des Priester Ampts annahm/verlohre dadurch das Königreich. In dem Buch der Könige

am

am 13. *Cap.* Der Todt *Jeroboams*, *Nadabs* Regiment / die gestraffte Abgötterey *Judæ*, und das Sterben *Robiams* sein sattsame Zeugen des Zorn GOTTES am 4. Cap. der Königen. Im 4. Buch am 1. Capitel. Weil *Ochosias* denen Abgöttern dienete / muste er sterben / und wurden zwey Hauptmänner mit hundert Mann durchs Feuer vom Himmel verzehrt. am 4. Buch der Könige am 9. Cap. Fraßen *Jezabell* die Hunde. Daß Israel GOTT nit dienete wie sie solten / lies Er sie von dem Könige auß *Assyrien* in die Gefängnüs führen. *Eodem* am 17. *Amazias* sambt den Kindern *Sair*, wurden ererschlagen / weil sie Abgötterey trieben / im Andertem Theil der Chronic. GOTT plagte Aggatz umb seiner Boßheit halber. *Eod.* am 28. Das gantze 36. Cap. dieses Anderten Theils der Chronic ist voller Zorn und Rache Gottes. *Estræ* am 4. verkündiget GOTT selbst alles Ubel denen Gottlosen: und letzlichen so ist der Gottlosen Glück kurtz / und hingegen ihr Unglück lang und ewig / wie *Job* im 4. Buch seines 21. *Cap.* mit mehrern bezeuget. Es könten hier noch vielfältige Zornstreich der Rache GOttes angeführet werden / weiln uns aber das Neue Gesetz dergleichen ebenfalls vorstellet / habe zu demselben schreiten und dem geneigten Leser zum *Matthai* am 4. *Cap.* führen wollen / da zu lesen wie dem Zorn GOttes verdienen / jene freuentliche Urthler falsche Propheten und Gleißner. Item am 21. schlug CHristus die Wucherer und Wechsler auß dem Tempel. *Lucæ* am 12. straffte CHristus die Gleißnerey und dem Geitz: Letzlichen und schlüßlichen ruckte Christus dem Vogt die Untreue vor / spricht / daß unmöglich zweyen Herren zu dienen sey / und straffet den reichen Prasser mit der ewigen Gefängnüs. *Lucæ* am 16.

Nun

Nun geneigte Leser auß diesen vorher gegangenen kleinen Außzug des Neuen und Alten Gesetzes kanstu unschwer ermessen / daß sich besser endlichen / als niemahlen zu bekehren sey. Welcher Sitt-Spruch mich selbsten auch vor einem Jahr und heuer bewogen / meine sonst fast meist zerstreite und andere Lust- und Schertz-Schrifft außdenckende in Fasten-Gedancken zu verändern. Mich nicht etwan jener Gleißnerey annehmende / so beym *Matthæo* am 23. zu finden / sondern nur in etwas dahin trachtende / damit die Zeit der Buß und Aschen nützlich möchte angewendet werden / auf daß wann ja wieder verhoffen nach Ostern wieder in den alten Wald zu holtzen mich unterfienge / zu einer künfftigen fruchtbaren Frucht / mich dieser Asche als einer Tüngung gebrauchen könte. Indessen geneigter Leser / sehe dieses Werck mehr mit güttigen als scharffen Augen an / und urthele wo nicht gut / doch auch nichs Böses von Guten / ob wohl übel auffgesetzten Gedancken. In übrigen unterwerffe mich gar gern allen klugen Urtheln / dem *Zoilo* aber sage dieses zum Beschluß / reiß vor den Balcken auß deinen Augen / ehe du die Splitter von andern wilst außsaugen.

Lebe wohl.

Eingang.

Eingang.

Der Barmhertzige Sohn/

PRODREMUS.

WAnn ich an jenem Sohn gedencke
So seinen Diener heimgesucht/
Als seine Lieb ihm hieß die Flucht
Und reichte Freyheit zum Geschencke.
So schwer ich bey der höchsten Macht/
Die Ihm zu dieser That gebracht/
Zu weisen itzt in diesem Wercke
Wie groß die Lieb muß sein
Weil seines Geistes Wunder-Stärcke
Verlachet alle Todes-Pein.

EIn König so einem einzigen Sohn / nebst diesen aber auch einen Hof-Bedienten / dem er mit fast gleichen Königl. Gnaden / wie seinem eigenen Printzen zugethan war/mit diesem einigen Unterscheid/daß jener von einem

König allein/ dieser aber von einem König und Vater zugleich sich geliebet sah. Es schickte sich aber: Daß gleich wie das allgemeine Deutsche Sprichwort lehret: Daß wan nehmlich dem Esel zu wohl sey/ derselbe auff das Eyß Tantzen und dem Fuß zu brechen gehe/ welches auch diesen der Königlichen Gnaden ermüdeten Diener dermassen angefochten/ daß Er das Königl. dienstbahre Joch von sich zu werffen/ beschlossen/ und diese Wortte bey sich selbsten außgeschüttet hat:

SOll ich dan ewig nur des Königs Diener seyn?
Vor Frembde immer fort nur Früchte samlen ein?
Es ziehet ewig nicht ein Sclav an Band und Ketten
Und lieget Schlickermilch/ nicht stets bey schweren Schmetten/
Drumb will ich länger auch in diesem Joch nicht stehn
Es muß mein freyer Fuß biß in die Freyheit gehn.

Wie geschlossen so geschehen/ es war das Wort kaum außgeredet/ als der undanckbahr-volle Diener seinem Fuß schon von Königlichen Hof entfernet/ und bereits einen ziemlichen weiten Weg hinter sich geleget hatte/ als diese Flucht erst bey Hof kundt wurde. Gleich wie nun nirgends mehr/ als bey denen Hof-Städten der Neid gebohren/ erzogen und ernehret wird/ also brachte auch zu Folge dieses/ des Flüchtigen ärgster Feind/ mit weit grösserem/ als in der Warheit bestehenden Zusatz denen Königl. Ohren die beschehene Flucht vor; wann Er in diese Worte außgebrochen:

ES ist Gnädigster von deinem Hof entflogen/
Der mit des Königs Sohn/ auff gleiche Weiß erzogen/
Er hat zu gleich mit sich/ den gantzen Schatz entführt
Und selbst mit Königs Schmuck sein schnöden Leib gezieht.

Der

Der über diese Post gantz ausser sich selbst fast strauchelnde König konte nach langen bedencken voll Zorn und Grimm kaum diese Donner-Wort außstossen:

Es soll kein Tiegerthier die Zähn zum Zorn so wetzen
Es soll kein Löw so starck auff seine Ziel sich setzen
Als mein ergrimbtes Haupt soll rächen diese That
Weil dieser Bösewicht mich so getäuschet hat.

Würde derohalben alsofort befohlen diesen Pflichtigen nachzujagen / welcher auch ertappet / in das Gefängniß geworffen / und der Vollend- und ins Werck gestelte Befehlig dem König hinterbracht / so alsofort ohne einige weitere Verhör das Urtheil fällete / daß er nehmlichen an grosse Ketten geleget / alle Tage drey mahl mit Ketten / Ruthen / und Stricken gepeitschet / endlichen an eine Säule gebunden auffs neue gegeisselt mit einer Dörnen Cron gekröhnet / mit einem Rohrstock und Purpur-Mantel Spottweise verehret / sein eigen Creutz schleppen / und letzlichen an dasselbige genagelt werden soll / und es mit diesen Worten anbefohlen.

Man leg jhm Ketten an / die Centner schwere führen
Es soll jhm alle Tag drey mahl die Lenden schmieren
Vulcani Hammer-Zeug- *Solonis* Schnur / *Neroni* Mutter Ruth /
Die reissen auß dem Leib sein todt verdambtes Blut
Es unterfang sich nur kein Seel vor jhm zu bitten
Auf dem nicht selber sonst des Königs Zorn soll wütten.
Nach dem der Bösewicht wird so geqvählet seyn
So fang von neuen an / die rechte Todes-Pein.
Man richte Säulen auf / daran man jhn muß schlüssen
Und von gespitzten Staahl soll recht ein Hagel schüssen.

Auff sein verfluchte Brust. Dann reicht jhm eine Cron
Ein Purpur/ und ein Rohr/vermehre seinen Hohn/
Daß Creutz last jhm auch selbst hinzu der Wahlstadt tragen/
Drauff angenagelt jhm/daß letzte Urtheil sagen.

Gleich wie nun keiner an dem gantzen Hofe war / der nicht diesen unglückseelig-untreuen Stadt der vorher zur Mißgunst genossenen Gnaden / dieses Urthel gönnete/ also wurde an schneller Fortsetzung dieser Pein mit nichten gesäumet/ sondern recht Henckerisch gewüttet. Dero Gestalten das voller Schmertz-und Angst dieser Gefangene schreyen muste was dazumahlen geschryen hat der gekrönte Büsser am 50. Psal. und hier Gleichnus Weise in Reimens-Arth verfasset ist.

DEr Sünder sich erbarmen/ ist dir HErr angebohren
Laß deine Grösse auch bey mir barmhertzig seyn
Umb meiner Missethat laß mich nicht sein verlohren
Vertilg die Sünde selbst / und flöß Erbarmung ein.
Wasch mich O grosser HErr von meinen schweren Sünden
Und banne deine Gnad meine grosse Boßheit auß
Es muß meine Sünde sich zum Klagen selbst einfinden
Und ist Gewissens-Angst/die Plage meines Hauß
Vor dir hab ich allein der Sünden-Last getragen
Und nichts als übels nur vor dir O HErr gethan
Denn dein geheiligt Wort/ weiß nichts als Recht zu sagen
Ja deine Urthel selbst die b ennen siegen an.
Dann sie Gnädigster ich bin mit Sünd empfangen/
Und bracht mein Mutter mich mit Sünden in die Welt
Du liebst die Warheit stets/doch lies du mich gelangen
Wo deine Weißheit selbst die höchste Stille hält.

Wann

Wann du O HErr besprengst mit Jsop meine Sünden
Und waschest meinen Leib/ so bin ich ja schon rein
Und wird sich nimmermehr kein Weiß im Schnee so finden
Als ich gereiniget von dir O HErr werd seyn
Laß mich mit Freud und Trost in diesen Ketten hören
Das frölich mögen seyn/ die gantz zerknirschte Bein
Es soll dein Angesicht von meiner Sünd sich kehren
Und stell ins künfftig hin/ all meine Missethat ein.
Verbitt mir Armen nicht/ dich nimmer anzuschauen
Und laß O wahrer HErr doch deinen Geist bey mir
Laß mich in deinem Heyl die letzte Freude bauen
Und dein bekraffter Geist/ der weiche nicht von hier/
Ich will was ungerecht/ an deine Wege lehren
Damit was Gottlos ist / sich doch bekehren mag.
Laß mich nur nimmermehr die BlutSchuld mehr beschweren
So preiß ich grossen GOtt dich biß am Jüngsten Tag
Eröffne nun O HErr die Lefftzen meiner Zungen
Damit mein Mund dein Lob recht ewig sprechen kan/
Dann hättest du bey mir O GOtt auff Opffer drungen
So hätt ichs ohn Verzug/ dir gleich gezündet an.
Für war du aber hast an Opffer kein Gefallen
Ein recht betrübter Geist ist Opffer schon bey dir
Und ein' zerknirschtes Hertz/ so wird in Demuth lallen
Verstost du nimmer nicht von der Genaden Thür
Mit Zion handle nur O HErr nach deinen Willen
Damit Jerusalem nit ohne Mauer mehr steh
Dann wird man deinen Zorn mit Opffer können stillen
Und wird nit einer seyn/ der ohne Opffer geh/
Wann wird die Kälber hin / zu deñ Altaren legen
Hiermit laß grosser HErr dich zur Genad bewegen.

Diese lautere Buß / und Reu nach sich ziehende Klag-Wörter hörete der ohne dem / dem Mitleiden gantz ergebene Königl. Printz / und rühreten dermassen sein zartes Hertz / daß er von Stund an fest gestellet / seinen erzürnten Vater / entweder wieder zu besänfftigen / oder Falls der Königl. Zorn so verhärtet wäre / daß zu Bewegung und Stillung desselben nichts fruchtete / lieber selbst sich in den Kärcker zu schliessen alle Straff und Pein auszuhalten / ja dem Todt selbst außzustehen: Als diesen armen Sünder dem ergangenen Urthel gemäß vergehen lassen wolt. Dannenhero mit unversaumbten Fuß den väterlichen Thron angegangen / und in diese Worte außgebrochen ist:

O Vater der du itzt hell auff dem Throne gläntzest
Der du Land / Leut und Städt / mit deinem Scepter kräntzest
Hab ein Genad vor mich / und heile meine Noth /
Nicht bitt ich etwan aus / mit mir das Reich zu theilen
Noch an die Wechsel-Städt umb Geld dein Königs Zeilen
Nur daß der arme Knecht nicht leiden darff den Tod.
Es letzte zeitlich sich sein thörichtes Vertrauen
Als er durch seine Flucht / wolt in die Freyheit schauen /
Und blickt jhm diese Lust mit tausend Freuden an
Er dacht der Himmel wär bereits schon voller Geigen
Weil Er auff freyen Fuß / sich in der Welt kont zeigen
Nun aber ist der dir von neuen unterthan.
Ey weich O König doch von deinen Zorn-Gedancken
Wie leichtlich schauet man / auch den Gerechtesten wancken /
Es muß ein Richter offt ertheilen Gnad vor Recht.

Und

Und wann man immer solt in vollen Zorn regieren
Wurd mancher König Stuhl sein Majestät verliehren
Drumb reiche deinen Sohn / Gnad vor deinen Knecht.

Der König so diese Worte von keinem andern nimmermehr ertragen hätte / lies sich die Liebe des Sohnes doch bezwingen und besänfftigen: Straffete nichts destoweniger die Vermessenheit des Printzens mit angehängten Ernstlichen Verboth / hinführo kein Wort mehr davon bey erfolgender unfelbahren vätterlichen Ungnad zu gedencken ohngefehr auf diese Weise redende.

WAnn nicht dein Kindes-Nahm / dich von dem Zorn befreyte
Und ich als König nicht / dem Vater-Mord nur scheute
So solstu meines Spruchs das erste Urthel seyn /
Dißmahl will ich zwar als König noch vergeben
Doch rettend Frembdes / nicht verliehr dein eigen Leben
Dann mein ergrimter Rach / geht nichts mehr anders ein.

Auff diese Zorn und drau-wortten erstaunte etwas der Königliche Printz / und gienge von dannen umb diesen schweren Unfall besser nachzudencken / würde auch fast schlüßlich seinen Vorsatz zu ändern / und den gefasten väterlichen Zorn zu weichen / in dem er aber diesen Gedancken Beyfall leisten will / so hörte er die durch grausame Geisselung außgepreßt klägliche Worte des armen Sünders vor seinen Ohren von neuen Gallen ungefehr dieses Inhalts.

WAs trotzt ich armer Knecht vorhin auf mein Gelücke?
Diß alles ist der Morgenröthe gleich

Dem

Dem Glücke folgt der Fall/der Flucht die schweren Stricke
Was vor den Rosen gleicht/ macht heut der Kärcker bleich.
Ein Augenblick hinreist die Freuden-Seiten
Und statt des Herzen Gunst/muß mich zum Tod bereiten/
Es ist ein schwerer Weg/ drauff ich werd schreiten müssen
Doch hieß ichs vor ein Rosen-Bahn/
Die Freyheit wolte mir zwar dieses End versüssen
Und macht das Nesseln ich vor Lilien-Sache an/
Sie aber hatt sich stracks an mir gerochen/
Und meinen armen Leib durch Knuth und Peitsch gebrochen
Ich dachte dazumahl mein Ancker von Verstande
Der leg in Grund von Eisen eingesenckt
Nun schwebt er allzu sehr auf einen trüben Sande
Wann nicht ein Glied in Leib so nicht ein Kette kränckt.
O Unglück volles Kind/ du bist an allen Enden
Hilff nun auch zugleich/das Unglück von mir wenden.
Doch ist es einmahl war/ ich hab das Gut genossen
Und mein zu grosses Glück war mehr als Jesemin
Hätt ich nur meine Band zu tragen stets beschlossen
So leg ich Armster nicht in Todes-Zügen hin.
Weil nun die Angst und Noth mit mir zu Felde ziehen
Und sich die Hencker-Schaar umb meinem Tod bemühen
So fleht den Printzen an/ daß er vor mich soll bitten
Und sein Barmhertzigkeit vor mich zu letzt außschütten.

Das letztere Vertrauen sambt der vorher gegangenen Weh-Klage rührten dermassen des Printzens Gemüthe daß er ungeachtet aller väterlichen erfolgenden Ungnade fest beschlossen diesen armen Gefangenen zu retten/ oder selbst darüber zu Grunde zu gehn/sich augenblicklich zum Vater verfügende mit diesen Worten nochmahls gebeten hat.

ES läst kein Bettler sich von einem Winck vertreiben
Er klopfft von neuen ahn / an die Gnaden-Thür
Man muß ein Spruch nicht gleich wann er verfast auch schreiben /
Er muß bedacht vohr seyn / ehe man ihn bringt herfür.
Ich weiß es zwar gewiß / daß ich werd Zorn verdienen
Weil übertredentlich von neuen dein Verboth
Doch denck ich Vaters Zorn / ist nur ein Stich von Bühnen
So lauter Honig lest / weiß nichts von Gifft und Todt.
Drumb bitt ich noch einmahl / verzeih den armen Sünder
Er klagt sich selber an / und bittet umb Gnad
Wann der gerechte GOtt solt straffen stets die Sünder
So in der Sünden Last und lauter Missethat.
Es wird uns allerseits sein Grimm gar bald ereilen
Und werde manche Cron vom Scepter lehre seyn
Bey Zorn muß auch zugleich Barmhertzigkeit verweilen
Wann anders GOtt auch soll bey uns sich stellen ein.

Der Königl. Vater gantz ergrimmet / redete folgende Wortte.

ICh sags zum letzten mahl schweig still mit diesen Lallen /
Ich gebe kein Gehör / ich gebe kein Gnad
Und wirst du noch einmahl mir drumb zu Fusse fallen
So bist du Schuldner selbst / und gleich der Missethat.

Mit diesen letzten Zorn-Wortten gienge der König hinweg und liese seinen Königl. Sohn in hundert Aengsten / der sich dann nach langen Bedencken endlichen dahin entschlossen: Daß weilen der erzürnte Vater und wüttende König nicht zu besänfftigen / durch Gewalt sich der Kärcker Schlüssel zu bemeistern / denn Gefangenen loß zu lassen / und sich selber statt seiner anzufässeln.

Weilen aber dieses allzu grosse Mitleyden dem die Strafe wohl-verdienten Knechte unerträglich zu sein vorkähme auß Gegen-Lieb bezwungen / spreitzte sich in etwas und wolte mitnichten weichen / sondern inn allen seinen Printzen beystehn / mußte aber doch endlichen nach gehaltenen Wett-und in folgenden Wortten bestehenden Streitt des Printzens Geboth und Liebe weichen.

Printz.

DEnn schweren Ketten dich itzt gäntzlich zu entziehen
Und von der MarterBanck und Todes-Angst zu fliehen /
Reicht dir dein Printz itzund ein wahres Mittel dar;
Wer sich vor andere läst in das Gefängnüs legen
Und keine Folter-Bahn / davon sich läst bewegen
Jst gleich einn schwartzen Schwahn und einen weißen Stahr.
Doch will ich Schwanen Schwörtz und Stahre Weise führen
Dich soll mein Purpur itzt / mich deine Fäßeln ziehren.
Du solst auff freyem Fuß / und ich in Kärcker gehen.
Ich kan dich anders sonst / nicht von dem Tod erretten
Als durch deine schnelle Flucht / und meine Strick und Ketten.
So werd an dieser Säul bereits zum streichen stehen.

Knecht.

ES macht dein grosse Lieb / O Printz mich gantz erblassen /
Ich bin gantz außer mich / ich kan die Gnad nicht fassen.

Daß

Daß ein gekröntes Blut/ will retten einen Knecht.
Der auff den Halse sitzt/ den will ein Printz erlösen
Kein Artzt wird selber kranck/ den Krancken zu genösen
Und du wilst meiner statt erdulden Urthel Recht?
Diß wird dein matter Knecht/ so lang er kan nicht leyden
Ich werd mich nimmermehr/ von dir O Printzen scheiden
Du solst im Kärcker seyn/ und ich auff freyen Fuß?
Nein! Weil keine Gnad mehr ist vom Vater zu erbitten
So soll auch dessen Grimm nicht auf den Sohn selbst wütten/
Ich leide geduldiglich und sterbe ohn Verdruß.

Printz.

DEr Geist schickt billich sich/ nach seines Führers Willen/
Drumb läst sich mein Entschluß/ auch nicht mehr anders stillen
Es ist itzt nimmer Zeit zu einen WechselStreit.
Leg du die Ketten ab/ und eyle zu entfliehen
Ich will an deiner statt des Todes Joch schon ziehen
Ich bin zu allem Streich mit Freuden schon bereit.

Knecht.

WEil dein Gnaden-Feld/ mich so will überschütten
So wird der Höchste dich/ auch von dem Todt behütten
Der Vater wird ja nicht des Sohnes Hencker seyn/
Ich stell meinen gantzen Fall in GOttes weisen Willen
Und muß nur dein Geboth mein grossen Schmertzen stillen
Ich gebe auff Befehl meinen schwachen Willen drein.

Nach diesem geendeten Wortten muste der arme Sünder auch wieder seinen Willen die Freyheit annehmen und dem Königl. Printzen in der Gefängnüs lassen.

Als nun der Kärckermeister mit seinem Henckers Knechten jhre tägliche Arbeit wieder vornehmen wolten / wurden sie gantz entzucket als sie statt des Knechtes den Königl. Printzen in Band und Eysen funden. Dannenhero gantz ausser sich / lieff der Kärckermeister zu dem Königl. Thron ungefehr in diese halb zerbrochene Wortte außbrechend.

ES war Gnädigster der Kärcker auffgebrochen
Und die bestimbte Wacht lag fast entseelet dar
Der eine Henckersknecht / war durch ein Dolch erstochen /
Ja alles schmeckte mir / nach voller Angst Gefahr
Dann als ich weiter fort bin in den Kärcker gangen
Und dein Befehl gemäß / den Sünder straffen wolt
So fande statt des Knechts den Printzen dort gefangen
Auch selber von mir hieß / daß ich jhn peitschen solt /
Drauff eylt ich alsofort / zu deinem Königs-Throne
Und warte fast halb tod / was ich beginnen muß
Es kan die Straff ja nicht geschehen deinen Sohne
Doch liegt mein folge leist. An deinen letzten Schluß.

Der König mehr tod als lebendig ergrimbte dermassen über die Vermessenheit seines Sohnes daß er alsofort daß über den Rebellischen Diener abgefaste Urthel durch brechung des Stabes an seinem eigenen Sohn zu vollziehen befahl und diese wenige Worte im Grim außstosse.

ES sey mein eigen Blut durch meine Rach gerochen.
Und über meinen Sohn der Todes-Stab gebrochen.

Diese

Dieses Urthel war kaum gefället / als es auch / Augenblicklich den Barmhertzigen Printzen beygebracht von jhm frölich angenommen / und im Werck mit Gedult übertragen worden ist.

Wann ich nun geneigter Leser gleich mit vielen Beyschrifften / die genaue Gleichnüs dieser angezogenen und außgeführten Erfindung mit dem bitteren Leyden und Sterben Christi JEsu auffschmücken wolte / so wurde doch nichts mehr außrichten als die klare Sonne mit neuen Strahlen erleuchten wollen / überlasse dannenhero das Gleichnüs dir selber / und wende mich zu meinen Vorsaz mit Wunsch damit der Schmertzen der auß der *Passion Joh.* am 18. und 19. Unsers HErren und Seeligmachers sattsamb erhellet / dihr zu Hertze gehen möge / damit du einen Nutzen Ich aber von dir einen Danck erhalten möchte.

Das in Deutsche Verß versetzte
Leyden Christi.

Nach Anleitung der am Char-Freytag gewöhnlichen Passion. Joh. am 18. und 19zehenden.

WAs vor ein Donner-Wortt kam vor des *Thamus* Ohren
Der auß *Ægyptien* wolt schiffen über Meer
Wie jhm die rauhe Stimm zum *Echo* außerkohren /
Und er anhören must wie *Pann* verblichen wer.

Der grosse *Pann* ist tod schrie einer von dem Sande
Des Eyland *Paxis* zu/ ach klaget es der Welt
Schreit bey *Pallades* auff das Kleinod deiner Lande
Verbirget fort mehr hin der Mutter enges Zelt.
Wie muß den *Thamo* wohl da sein zu muth gewesen
Da Er von dieser Stim̃ so übereylet war
Wann ich von selbst betracht / was ich einmahl gelesen
Das über-eylter Schmertz sey recht ein Toden-Bahr.
So hör ich allbereit wie *Thamus* hat geschryen
Wie er in voller Fluth ohn dem in Aengsten stund.
Must dañ der Ost-und West mit Fleiß mich hierher ziehen
Daß ich den Todes-Fall/ der erste hören kunt
Hat dann *Neptunus* mein/nur drumb verschonen wollen
Damit ich dieser Both/des Todes solte seyn
So hätte Er Standfest auch bey mir einflössen sollen
Daß ich der Völcker Trost/und nicht selbst wer die Pein.
Genug von *Thamus* Schmertz! Genug von diesen Heyden
Hört nun ihr Christen an/was ich euch klagen muß
Der Schöpffer aller Ding/ der grosse *Pann* muß leyden
Und nicht ein solchen Tod/ wie *Pann* durch einen Schuß.
Ein Tod dergleichen Tod nie keiner hat erlitten
So auch ein Sam̃elplatz der Laster aller war
Es weiß *Vulcanus* nicht noch *Mars* von solchen Wütten
Das nur erfunden hat/der Juden tolle Schaar
Dann da Er selber sagt/ die Zeit ist nun gekommen
Drumb gehet eylig hin/und richt das Nachtmahl an/
Darn Ich zum letzten mahl mir heut hab vorgenommen
Zu Tischen unter euch / da doch ein böser Mann.

So

So mich umb schlechten Preiß den Juden wird verkauffen
Es wird Verräther mir noch geben einen Kuß
Und nach vollbrachter Sünd/ gantz wüttig davon lauffen
Erstatten den empfang/ erhencken sich zur Buß
Gleichwie die Warheit nun/ diß selber hat gesprochen/
So kam der Bösewicht / und seine Hencker-Schaar
Er küst den HErren stracks / und kam zu jhm gekrochen
Als wer er noch wie sonst vom rechten sechsten Paar
Das Zeichen war nun dar/die Rott fieng an zu wütten
Petrus der fromme Mann / wolt nicht ohn Eyffer seyn
Und durch des Schwerdtes Streich / seyn Zorn auf *Malchus* schütten
Wann nicht der Meister selbst jhm hätt gesagt von nein.
Sie bunden beyde Händ auff seinen zarten Rucken
Die wütt des tollen Volcks trieb mit Jhm ihren Hohn
Sie sagten unverschämbt / du bist voll böser Stucke
Ja selbst von dir gesagt / du wärest GOttes Sohn
Du könst in einmahl drey den Tempel niederreissen
Und wieder bauen auf / und was der Sachen mehr
Heist das nicht Lästerung und Gottes Wort verschmeissen
Kanst du es laugnen nun/ so sags immer her
Das fromme Lämblein schwieg still / und ließ sie sagen
Das macht ergrimmen schnell/des Priesters hohen Zorn
Daß Er aussprechent sagt weiß du ich kan dich schlagen?
Auch wieder lassen frey/ durch des Gesetzes Horn
So sags deñ frey herauß / bist du von GOtt gebohren?
Und hast du diß geredt/was man von dir itzt spricht?
Du sagsts sprach der HErr Ach Warheit außerkohren.
Die niemahl triegen kan/steht dennoch vor Gericht.

Itzt

Jtzt fangt das Blut-Bad an/man schickt jhn zu dem Richter
Der von den Römern war/und sich *Pilatus* nasit
Es schrie die Priesterschafft hier ist der falsche Tichter
So unser Schul und Lehr/ will stecken in den Brandt
Er kam vors Richthauß hin/mit Knechten gantz umbgeben
Drauff trat *Pilatus* für / und fragte wer der wer?
Den sie so grausamblich verfolgten biß aufs Leben
Als wann jhm wohnte bey der Laster-volles Heer
Was hat Er dann gethan? Er ist der Ubelthäter
Der deinen Kayser will verbitten all das seyn
Und unsrer Schuhl und Lehr /recht ist ein Ubertreter/
Diß ist bereits genug zu seiner Todes-Pein
Der Richter sagte drauff/richt jhm nach dem Gesetze
Jch finde keine Schuld an diesen frommen Mann
Diß können wir nicht thun. Du uns ja nicht verletze
Was uns die Schrifft gebeuth/ und unser *Alcoan.*
Von wann ist dann der Mann? Jst Er von *Gallileen*
So ist *Herodes* hier / der Richter in dem Land
Bringt diesen Menschen hin/ last Jhm vor Gerichte stehen
Erkenne über jhn/ die rechter Richter Hand/
Herodes wolte nicht/in andern Landen richten
Und sagt *Pilatus* ist zum Richter hier gestelt
Der uns und gar nicht / ich der Juden Klage schlichten
Und sprechen was Er will/und was den Volck gefällt
Drauff in der Wiederkehr/fangt an das Volck zu schreyen
Bist du ein wahrer Freund des Kaysers oder nicht?
So must du *Barrabam* nicht aber den befreyen
So unser Lehre hast/ und das Gesetz zernicht.

Pilatus

Pilatus sahe sich von Juden so bezwungen
Daß Er nicht anders kunt / als Christum nehmen hin
Jhn Geisseln lies so sehr biß daß das Blut gedrungen
Durch seinen zarten Leib/Marck/Glieder/und den Sinn
Nachdem die Geisselung recht Tygrisch war vollzogen/
Bedeckte seinen Leib ein rother Purpur Rock
Ein rechte Krieges-Hüll/und was noch mehr bewogen
Der Soldner grosse Wutth zu einem Rohren Stock
Sie knieten spöttisch hin/und grüsten Jhn als König
Den Gruß begleitet schnell/ein grober Backenstreich
Sie schryen über laut / diß ist noch viel zu wenig
Ein König ohne Cron / ist auch zugleich an Reich.
Sie flochten alsobald / ein Cron von Dorn und Eisen
Und druckteus seinen Haubt mit starcken Spitzen ein
Da wolt ein jeder nur / der Hände Stärcke weisen
So must das höchste Gutt der Boßheit Spielball seyn
Pilat erbarmbte sich selbst / über diesen Wütten
Und führt jhn gantz allein / mit sich ins Richter Hauß
Da sagt Er wieder jhm / thu mir nur recht außschütten
Was du begangen hast/sag es nur keck herauß
Bist du dann GOttes Sohn und König dieser Schaaren?
Weil du dich König heist / wo hast du den dein Reich?
Weist du diß selbst von dir? Hast du es sonst erfahren?
So glaube sicherlich du gebest mir kein Streich.
Pilatus wolte fast vor Zorn allhier erblassen/
Und sprach weist du dann nicht/das all Gewalt bey mir
Ich kan dich geben frey / ich kan dich tödten lassen
Du sagsts sprach der HErr. Es stehet nicht bey dir.

Du hättest kein Gewalt / wann solche nicht von oben
Der Vater hätt gereicht / zur heilig Warheit Steur
Wie diß *Pilatus* hört / hies jhm sein Hertz selbst loben
Und wolt jhn sprechen frey von diesem Todes-Feur
In dem Er allbereit sich von dem Stuhl erhoben
Und von dem Richt Hauß hin / wolt zu dem Volcke gehn.
So hört er schleuniglich was vor der Thüren toben
Daß jhm befahle baß / ein wenig still zu stehn.
Es kahm in voller Eyl / die Magd von seiner Frauen
Mit gantz zerritten Haar / zu jhm geloffen hin /
Sie konte reden nicht ja fast jhn nicht anschauen /
So hat der Schrock und eyl verwirret jhren Sinn
Sie schrye endlich auf die Frau die läst euch sagen
Jhr solt bey Leibe nicht ertödten diesen Mann
Dann sie die gantze Nacht erlitten große Plagen
Die mein erstaunter Mund euch nicht beschreiben kan:
Es war kaum Mitternacht / der Hahn zum ersten krehte
Als etwas rauschendt starck dem Bette näherte sich
Es war ein langer Mann / der stets die Augen drehte
Und voller Runtzel war / so wie es düncket mich.
Er sagt in starcken Grim / jhr Mörder des Gerechten
Er hat euch nichts gethan / auch ist Er GOttes Sohn /
Und scheuet euch doch nicht / zu liefern jhm den Knechten /
Wehe euren gantzen Blut vors höchsten GOttes Thron.
Es gienge dieser Weg / drauff kam ein schwartz Gesichte /
Das prilte mit der Zung / und spie Flammen auß
Es schrie lautbar auß / laufft eylends zum Gerichte
Und sage deinen Mann / Er soll sich wicklen drauß.

Diß ists Gnädigster / was euch die Frau last flehen
Und bitten inniglich / ihr solt verschonen seyn
Es möcht sonst GOttes Rach selbst über euch ergehen
Und sambt der Juden Schaar euch geben Höllen Pein.
Kaum war das außgeredt / so gienge *Pilat* behende
Und fragt das tolle Volck / was Er jhm thun solt
Weil Er in diesen Mann gar keine Schuld befände
Auch ohne Rechtes Recht kein Blut vergiessen wolt
Das hat die tolle Schaar / von Priestern angetrieben
Kaum recht gehöret an / so schryen sie schon blind
Der übelthäter muß / durchs Creutz sein auffgerieben
Und dessen BlutGericht / fall über unser Kind
Wie daß *Pilatus* hört / begehrt er sich zu waschen
Und sagte frey herauß / ich will unschuldig seyn /
Von diesen Blutes Spruch! Der jhn hat lassen haschen
Der führe ferner auß die letzte Todes-Pein.
Pilatus hatte kaum der Rott Jhn übergeben
Und dieses Wort gesagt / Er geht mich nichts mehr an /
So tracht die Hencker-Schaar / dem Lamb schon nach dem Leben
Und Creutzig Creutzige schrie fast ein jederman
Drauff rieß der Soldner Wutt / den Purpur von dem Leibe
Und gaben Jhm davor / diß was sein eigen war
Sie sagten zu einander / ein jeder Kurtzweil treibe
Biß daß das hohe Creutz wird seyn / sein Toden-Bahr
Da war in Augenblick / die Last auff seinen Rucken
Und zohe der Eine hin / der ander wieder her /
Der dritte muste sich zu frischen Streichen bucken
Damit der heisse Gang dem HErren wäre schwer.

Der Gang war allzu weit vom Richt-Hauß biß zum Berge
Daß man in einen Zug denselben gehen kunt
Dort schnaufft ein Henckers-Bub / dort wiederumb ein Scherge:
Man sahe wie Athem loß der 3te auch da stund.
Der doch der Stärckste war / must vor der Schwere fallen
Die schwechste Creatur must seine Stütze seyn
Diß war der *Simeon* der unter diesen allen
Gezwungner unters Creutz sich endlich stelte ein.
Kaum hat ein wenig Lufft der HErr vom Creutz empfangen
So kehrt Er sich zuruck zu denen Weibern hin
So Jhm da folgten nach / und jhre blasse Wangen /
Mit Thränen überschwembt entdeckten jhren Sinn.
Er sprach ihr Töchter last von euren starcken Weinen
Weint doch nicht über mich / weint über Land und Kind
Auff diese wird forthin der Zorn *Commete* scheinen
Und straffen gantz gerecht was jhr an Mir begint
Alsdann werd jhr zu spath beklagen Eure Sünden
Und wünschen das kein Frucht besitze euren Leib
Und daß die Mutter nicht hinfür die Milch kan finden
Womit sie jhren Kind den Zorn zum Hertzen treib.
Jhr werdet weiter auch zu Berg und Hügel schreyen
Es falle über uns der grossen Steiner Grauß
Dann ist die Zeit zu spath die Sünden zu bereuen
Wenn alles außgerott / was vohn der Juden Hauß
So redete der HErr. Als die erzürnte Schaaren
Jhn grimmig schlepten fort hin zu der Schedelstatt
Man sahe wie umb Jhm zwey Ubelthäter wahren
So zu dem Creutz geführt / auß gantz gerechten Rath.

Hier war ein jeder Knecht / bemüht diß außzurichten
Was von der Juden Zunfft jhm anbefohlen war
Wer hier die gröste Pein und Marter kont ertichten
Der war der beste Knecht in dieser Hencker-Schaar
Sie schlugen an das Creutz des HErren Händ und Füsse
Und richtens in die Höh O über grosser Schmertz
Der sonst nichts anders giebt als lauter Himmels süsse
Den soll ein Myrrhen-Tranck erqvicken Mund und Hertz.
So rasete das Volck / und daß die Wuth gestillet
So wurden neben jhm zwey Mörder auffgehenckt
Damit die Propheceÿ der Schrifften wer erfüllet:
Man hat den Laster par die Unschuld beygemengt
Es war der Schmertz sehr groß / doch wolt der HERR nit schreyen /
Daß über diese Sünd ergeh des Himmels Rach
Er beth vielmehr vor sie / der Vater wolt verzeihen
Weil sie unwissend Ihn belegten mit der Schmach
Pilatus schrieb darauff / diß ist der Juden König
Und hefftе diese Schrifft zu seinem Haupte ahn
Da schrie das tolle Volck / diß ist vor uns zu wenig
Schreib daß Er selbst vohr sich / dieß brachte auf die Bahn.
Pilatus redete was hier von mir geschrieben
Das ist geschrieben schon / und muß geschrieben seyn
Und diese Schrifft ist auch ganz unverruckt geblieben
Auff Grichisch wie dann auch Hebräisch und Latein.
Als diß vollzogen war / so nahmen seine Kleider
Und theilten unter sich ein jeder Krieges-Knecht

Und weilen seinen Rock berührt kein Hand der Schneider
So war Er durch das Loß nur einen Theil zu recht
Es muste also gehen / weils vor die Schrifft gesaget
Sie haben unter sich getheilet mein Gewand
Und über meinen Rock der Würffel Loß gefraget
Und dieses ist geschehen von der Soldaten Hand.
Es giengen auch vorbey / gar viel der losen Juden
Der Phariseer Zunfft / und Schrifft Gelehrten Bruth
So jhm mit Schmach und Hohn / auch Lästerung beluden
Und schryen Pfydia bist du das gröste Guth
Wie fein zerbrichst du doch nunmehro unsern Tempel
Und bauest jhn wieder auff in dreyer Tages Frist
Bist du dann GOttes Sohn / so gieb uns ein Exempel
Und steig von Creutz herab wann du diß alles bist
Denn Hohn vermehrte noch / des einen Mörders sprechen
In dem Er wiederhohlt was vor die Schaar gesagt
Der an der Lincken Seit war nicht von dem Verbrechen
Weil er den Meister selbst aus treuen Hertz beklagt.
Und schrie lautbar auff / O HErr gedencke meiner
Wann du nach diesem Tod wirst kommen in dein Reich
Der HErr die Reue erkandt / und dachte freylich seiner
Wie Er stracks jhm versprach / du wirst mit mir zugleich
Nach dem Gespött / die Mäng durchriebe seine Ohren
So sahe Er voller Schmertz die Mutter unten stehn
Die Jhm ohn alle Sünd / und ohne Mann gebohren
Vor deren Angesicht must Er itzund vergehn
Es stund auch neben Jhr die Seele seiner Jünger
Dem Er am meisten liebt / und sich *Joannes* hies
Deñ solt die Mutter lieben / wie Er auch Sie nit gringer
So wird durch diese zwey gemindert Adams Biß.

Nun

Nun kahms zum Ende fast / der Tag thät schon erblassen
Da schrye der Heyland auff. Ach GOtt mein GOtt/ mein GOtt!
Warumb hast du mich doch so voller Schmertz verlassen
Von dieser Juden Schaar/ gemartert auf den Todt/
Nach diesen letzten Ruff erstarten seine Glieder
Da ward ein Essig-Tranck zu seiner Labung bracht
Da schloß Er sänfftiglich die schönen Augen Lieder
Und schrie zum letzten mahl nunmehro ist vollbracht
Das ist der grosse Pann der Anfang aller Christen
Der auff des Berges Spitz nunmehr verblichen hangt
Hier können sich ja selbst/die Sünder auf sich rüsten
Wann jeder seine Brust zu diesem Creutze längt.
Und denck O Sünden-Balck / diß was du hast verschuldet
Das hat vor dich verschmertzt der aller Sünden frey
Er hat den Spott und Hohn/die Schläg und Tod erduldet
Damit Er nur bey dir erwecke eine Reu.

Drey-

Dreyzehn Betrachtungen

Auß einen Andächtigen über das Leyden Christi schreibenden Buche gezogen / doch auff andere Weise versetzet.

I.

Vers. Der an dem Berg *Calvariæ* beängstigte JESUS nehm gnädig meine Gedancken auff.

Resp. Und seine Verdienste erwecken meine Sünden Reu und Buß.

Last uns beten.

O Du Betrübter / deinen Himlischen Vater umb Hinnehmung des Bitteren Kelchs (doch nach seinen Willen) in blutigen Schweiß getröster / von den Verräther Juda Verrathener und von fünffhundert Soldner gefangner JESUS laß meine Seufftzer zu deiner Betrübnüs Erqvickung / laß meine Wiederwertigkeiten zu deinen bitteren Kelch / laß meine Arbeiten zu deinen heiligen blutigen Schweiß / laß den verrätherischen Kuß / und die 500. Soldnerischen Schalcks-Antastungen zu immer-wehrender Liebe / so vieler Tugenden gereichen / empfehlen / gewiedmet / und geopffert seyn. Der du durch dein Allerheiligstes Leyden des Vaters Allmacht / deine durch *Hypostatische* Arth vermischte Gottheit / und GOtt des

des H. Geistes beständige Beyhülff von Ewigkeit zu Ewigkeit erhebest / Amen.

Da du voll Angst und Noth
Erhielst das Leben durch den Tod
Erhöre uns arme Adams-Kinder
Ertheile Gnad verzeyh / den armen Sünder /
Amen.

2.

Vers. Der auff den Oelberg als ein Ubelthäter geführte JESUS nehm gnädig meine Gedancken auf.

Resp. Und seine Verdienste erwecken meiner Sünden Reu und Buß.

Last uns bethen.

O Du als ein Ubelthäter auf dem Berg *Calvariæ* geführter / den Hohenpriester *Anna* vorgestelter / von deiner liebsten Mutter in deinen Aengsten gesuchter und gefundener JEsus. Laß mich Schuldigen / da du unschuldig verdiente Straffen / laß mich meiner Missethat wegen dem Richter / laß mich vor meinem Ende Gnade finden / vorstellen / und erdulden. Der du durch dein Allerheiligstes Leyden des Vaters Allmacht / deine durch *Hypostati*sche Arth vermischte Gottheit und Gott des H. Geistes beständige Beyhülff von Ewigkeit zu Ewigkeit erhebest / Amen.

Da du voll Spott und Hohn
Gestorben bist O GOttes Sohn
So hast du diß erlitten
Den Vater zu erbitten.

3.

Vers. Der sechs hundert und eilff Schrifft Gelehrten bey *Caipha* vorgestelter JESUS. Nehm gnädig meine Gedancken auff.

Resp. Und seine Verdienst erwecken meinen Sünden Reu und Buß.

Last uns bethen.

O Du bey *Caipha* sechs hundert und eilff Schrifft Gelehrten vorgestelter / falsch angeklagter / vor den gantzen Volck unmenschlich gepeinigter / in abscheulichen Kercker Verworffener / die gantze Nacht Verspotteter / und dreymahl von deinem treuesten Jünger *Petro* verlaugneter JESUS / laß mich keine Mänge der Feinde / laß mich in der Warheit des Glaubens / laß mich in allen zeitlichen Verfolgungen / laß mich in deiner Liebe eingesperter / laß mich in deinen Nahmen geduldig / und dir allemahl beständig / weichen / nicht verzagen / stets beständig seyn / allezeit brennen / alles leyden / und letzlichen sterben / der du durch dein allerheiligstes Leyden des Vaters Allmacht / deine durch *Hypostatisch*e Arth vermischte Gottheit und GOtt des H. Geistes beständige Beyhülff von Ewigkeit zu Ewigkeit erhebest / Amen.

Der

Der stets die Warheit sagt
Wird von der Lug verklagt
Leid alles doch geduldig
Daß er nur machen kan die alte Schuld unschuldig.

4.

Vers. Der mit grosser Ungestümmigkeit von *Caipha* zu *Pilato* geführter JESUS. Nehm gnädig meine Gedancken auff.

Resp. Und seine Verdienst erwecken meinen Sünden Reu und Buß.

Last uns bethen.

O Du mit grosser Ungestümmigkeit von *Caipha* zu *Pilato* geführter von deinem Verräther Juda selbst unschuldig erklährter / in Vorhoff *Pilati* des Todes schuldig außgeschrieener / und dennoch in selbigen Richthauß unschuldig erkandter JESUS / laß mich in aller Ungestümmigkeit / Gedult / lasse mich in allen falschen Angeben keine Rach / laß mich bey Erhaltung des grösten Unrechts GOtt / und laß mich in meiner Unschuld gewonnenen nicht übernehmen / allezeit loben / nicht suchen stets ertragen. Der du durch dein allerheiligstes Leyden / des Vaters Allmacht / deine durch *Hypostati*sche Arth vermischte Gottheit und GOtt des H. Geistes beständige Beyhülff von Ewigkeit zu Ewigkeit erhebest / Amen.

Der Richter weiß kein Recht
Muß sein der Juden Knecht
Den Er unschuldig hält
Doch zu dem Tod gestelt/ Amen.

5.

Vers. Der von *Pilato* zu *Herodes* gesandte JESUS nehm gnädig meine Gedancken auff.

Resp. Und seine Verdienst erwecken meine Sünden Reu und Buß.

Last uns bethen.

O Du von *Pilato* zu *Herodes* Gesandter/ unter der Begleitung deiner werthist-schmertzhafften Mutter MARIÆ dahin geführter daselbst *examinir*ter/und von *Herode* wieder dem *Pilato* in Narren-Kleider zugeschickter JEsus. Laß mich ausser deinen Geschäfften einige Bothschafft/laß mich dich in deinen Leyden / laß mich alle Tag meines Lebens vor deinen Thron erscheinen/ und endlich laß mich wegen deiner stets verspottet / allemahl bereit stehen / immer begleiten und nicht annehmen. Der du durch dein allerheiligstes Leyden des Vaters Allmacht/deine durch *Hypostati*sche Arth vermischte Gottheit und GOtt des H. Geistes beständige Beyhülff von Ewigkeit zu Ewigkeit erhebest / Amen.

Die Weißheit wird vernarrt
Die Boßheit stets verharrt

Der

Der ohne Schuld gelebt
Sein That vor Richter schwebt.

6.

Vers. Der dem *Pilato* abermahln vorgestelleter und vor denen Hohenpriestern unschuldig erklährter JEsus. Nehm gnädig meine Gedancken auff.

Resp. Und seine Verdienst erwecken meinen Sünden Reu und Buß.

Last uns bethen.

O Du dem *Pilato* abermahlen Vorgestelter/vor denen Hohenpriestern unschuldig Erklährter mit *Barraba* einen Mörder dem Volcke offentlich gezeigter/demselben nachgesetzter/und von den Juden zum Creutz verdambter JEsus. Laß mich allzeit gerecht in deinen Gebothen/ laß mich deine Unschuld / laß das Unrecht / und laß mich dein Creutz-Verdammung/ zum ewigen Heyl gereichen inniglich betauren/ hertzlich bejammern und ewiglich wandeln. Der du durch dein allerheiligstes Leyden des Vaters Allmacht deine durch *Hypostbati*sche Arth vermischte Gottheit und GOtt des Heil. Geistes beständige Beyhülff von Ewigkeit zu Ewigkeit erhebest / Amen.

Denn Mörder sagt man frey
Vor Unschuld war kein Reu
Er wurd zum Creutz verdambt
Erlöste was von Adam Stambt.

 7. *Vers.*

7.

Vers. Der denen Schergen und Henckers-Knechten zum Geisseln überantworteter JEsus. Nehm gnädig meine Gedancken auff.

Resp. Und seine Verdienst erwecken meinen Sünden Reu und Buß.

Last uns bethen.

O Du denen Schergen und Henckers-Buben zum Geisseln überantwortteter / an eine Steinere Säul gantz bloß angebundener / vor die Sünder bittender / und von der Säulen entbundener und verspotteter JEsus. Laß mich nicht von Sünden übereylet / laß mich an deiner Lieb gebunden / laß mich stets Genade bey dir / laß mich in immerwehrender Ehre GOttes werden / verharren / finden / und sterben. Der du durch dein Allerheiligstes Leyden des Vaters Allmacht deine durch *Hypostati*sche Art vermischte Gottheit und GOtt des H. Geistes beständige Beyhülff von Ewigkeit zu Ewigkeit erhebest / Amen.

Der voller Wunden bist
Zerfetzt O JEsu CHrist
Hast wegen meiner Schulden
Müssen den Schmertz erdulden.

8.

Vers. Der auß Seinem Blut gezogene und bey den Haaren herumb geführte JEsus. Nehm gnädig meine Gedancken auf.

Resp.

Resp. Und seine Verdienst erwecken meinen Sünden Reu und Buß.

Last uns bethen.

O Du auß deinen Blut mit Haaren herumb gezogener/in deinen spöttischen Purpur angethaner/mit Dörnern gekröhnter als König außgespotteter/und verspiener HErr JEsus/laß mich in deinen Blute des Heyles/laß mir das Kleid der Unschuld/durch deinen spöttischen Purpur/laß deine Marter Pein und Schmertz mir zu Hertzen/und laß mich dich ewigen König durch dein spitzige Dornen Cron ewig verehren/stets gehen immer-wehrend tragen und seelig darinn baden. Der du durch dein Allerheiligstes Leyden/ des Vaters Allmacht/ deine durch *Hypostbati*sche Arth vermischte Gottheit und GOtt des H. Geistes beständige Beyhülff von Ewigkeit zu Ewigkeit erhebest/Amen.

Du hast dein Rosen Blut
Verschutt O höchstes Guth
Zu helffen seinen Knecht
Lied selbst der HErr unrecht.

9.

Vers. Der dem gantzen Volck vorgestelter JEsus. Nehm gnädig meine Gedancken auff.

Resp. Und seine Verdienst erwecken meinen Sünden Reu und Buß.

Last uns bethen.

O Du dein gantzen Volck vorgestelter/von neuen zum Creutz Verdambter/aufs neue ob du der wahre Sohn GOttes befrag-

befragter / und vor dem Volck unschuldig erklährter JEsus. Laß mich stets vor deinen gerechten und barmhertzigen Augen / laß mit mir und der gantzen Welt hinterlassenes Creutz geduldig/laß mich deine wahre Gottheit stets und deine wahre Unschuld ewig stehen/tragen/ anbeten bekennen. Der du durch dein Allerheiligstes Leyden/des Vaters Allmacht deine durch *Hypostbati*sche Arth vermischte Gottheit und GOtt des H. Geistes beständige Beyhülff von Ewigkeit zu Ewigkeit erhebest/Amen.

Unschuldig selbst erklähret
Wird doch zum Creutz begehret
Damit der Schrifften Prophecey
Doch endlich recht erfüllet sey.

10.

Vers. Der nebst zweyen Schächern vor den Richterstuhl gestelter JEsus. Nehm gnädig meine Gedancken auf.

Resp. Und seine Verdienst erwecken meinen Sünden Reu und Buß.

Last uns bethen.

O Du nebst zweyen Schächern vor dem Richterstuhl gestelter/vor denen Juden mehrmahl unschuldig erklährter/von dem Narrischen Purpur entblöster / mit deinem eigenen Gewandt angethaner JEsus. Laß mich des Lincken Schächers Buß und Reu / in meiner Sterbstunde laß mir die vor Adams Fall gewiedmuthe Unschuld / laß mir das Purpur zur Carmesin/ deiner göttlichen Gnaden erlangen / erbitten / genüssen.

nüssen. Der du durch dein allerheiligstes Leyden/des Vaters Allmacht deine durch *Hypostbati*sche Arth vermischte Gottheit und GOtt des H. Geistes beständige Beyhülff von Ewigkeit zu Ewigkeit erhebest/Amen.

Der Sünd gemängtes Paar
Hat bey der Juden Schaar
Mehr bey-Leut eingeetzt/
Als der die Creatur und alles selbst gesetzt.

II.

Vers. Der mit dem Creutz beladen/und auß dem Hauß *Pilati* gezogener JEsus. Nehm gnädig meine Gedancken auf.

Resp. Und seine Verdienst erwecken meiner Sünden Reu und Buß.

Last uns bethen.

O Du mit dem schweren Creutz beladener/auß dem Hauß *Pilati* gezogener/von *Simeon* des Creutzes Last unterstützter/von denen Töchtern Jerusalems beweinter/*in Veronica* Schweißtuch eingedruckter JESUS. Laß mir das Joch und Bürde deines Leydens süß/laß mich dein mit Ketten und Banden verstrickten Marter Leib/laß deinen gnädigsten Befehl gemäß mich meines Nechsten Bürde/laß die Zähren meines Mittleydens/laß dein heiligstes Andencken in mein Hertz angenehm werden/einschlüssen gedultiglich tragen/deine Gnad erwerben/stets verharren. Der du durch dein allerheiligstes Leyden des Vaters Allmacht/deine durch *Hypostatb*ische Arth vermischte Gottheit und GOtt des H. Geistes beständige Beyhülff von Ewigkeit zu Ewigkeit erhebest/Amen.

Durch dehn/ die gantze Welt
Und was nur lebt/gestelt
Dem muß ein schwaches Creutz
Sein seines Todes-spreitz.

12.

Vers. Der zum Creutz entblöster und mit Gallen getränckter JEsus. Nehm gnädig meine Gedancken auff.

Resp. Und seine Verdienst erwecken meiner Sünden Reu und Buß.

Last uns bethen.

O Du zum Creutz entblöster/ und mit Gallen getränckter/ außgedehnter/ angenagelter/ angebundener/ auffgerichter/ der gantzen Welt ein König der Juden/ außgespottet/ außgeschriener/ umb deine Kleider das Würffel Loß gefallen/ und endlich mit Auffgebung deines Heiligen Geistes in die Hände deines allerheiligsten Vaters gestorbener JEsus. Laß mich nichts anders als nach dem Brunnen aller Brunnen nach dem Leben aller Leben/ ewiglich dürsten/ Seufftzen und begehren. Der du durch dein allerheiligstes Leyden/ des Vaters Allmacht/ deine durch *Hypostatb*ische Art vermischte Gottheit/ und Gott des Heiligen Geistes beständige Beyhülff von Ewigkeit zu Ewigkeit erhebest/ Amen.

Es stirbt so alles Leben
Was Leben hat/ gegeben
Und den verdienten Lohn
Versöhnte GOttes Sohn.

13. Schluß-

13.

Schluß Betrachtung.

Vers. Der zerfleischte und am Stain des Creutzes endlich verblichene JEsus. Nehm gnädig meine Gedancken auf.

Resp. Und seine Verdienst erwecken meiner Sünden Reu und Buß.

Last uns bethen.

O Mein JEsus der durch deine Sieben Wortte/ und so viel darauß entstandenen tausend Schmertzen vor das menschliche Geschlecht tragende Vätterliche Sorgfalt- und Barmhertzigkeit sattsamb erwiesen hast / deine grosse Liebe gegen uns verleyhe/ durch solche dich gleichsam von neuen erinnerde mein und meines Nechsten Schwachheit/ damit diese dir vorgetragene Kleine deinen Bitter Leyden gewiedmete Gedancken gnädiglich mögen auffgenommen/ mir und allen zu Nutzen gedeyen/ und endlichen durch deine Verdienst deines Vatters Gnad/ deine selbst eigene Erbarmung/ und des Trösters Trost erlangen können/ Amen.

Sonnet.

Uber das Leyden und Sterben JESU CHRISTI.

IST dieses deine Schuld/ mein JEsu daß der Schein
Dem keine Sonne gleicht/ dem alle Sternen weichen

 Dem

Dem Hölle/See/und Lufft/ die stoltzen Scepter reichen
Muß schmertzlich außgelescht und fast verdunckelt seyn?
Ist dieses deine Schuld mein JEsus? warlich nein!
Daß ich nicht sterben darff/ so willst du selbst verbleichen/
Du willst den LiebesStrich / durch meine Schulden streichen
Und setzest dich vor mich zum wahren Bürgen ein
Was soll ich doch itzund von Eiter Stanck und Schaden
Fast gäntzlich angefüllt / beschwehret und beladen
Beginnen oder thun? Mein Wesen ist zu schlecht
Die Thränen stelle ich zu deinen treuen Füssen
Laß meine Dürfftigkeit/ dein Leyden auch genüssen
Du bist ein starcker GOtt / ich bin ein schwacher Knecht.

Geistliches Mittleyden.

1.

O Angst! O Leid/
O Traurigkeit!
Mein JEsus hängt am Creutz voller Wunden
Pein! Angst! und Schmertz
Durchdringt sein Hertz!
Ja seine Krafft ist gantz von Ihm verschwunden.

2.

O GOttes Sohn!
Ist diß der Thron
Auff welchen du als König wilst regieren
Ist diß die Pracht
Und höchste Macht
Muß dich ein Dorn vor Diamanten ziehren.

3. O

3.

O liebstes Licht!
Mein Hertze bricht!
Wann es die Quahl und Centner Pein bedencket/
Ich leb in Ruh!
Und du ja du!
Wirst an ein Creutz zu Mördern auffgehencket.

4.

Ach liebster Schatz
Ach laß mir Platz
Mit dir zugleich auff diesen Holtze finden
Ich will mit Lust
Mit Seel und Brust
Mich alsobald an solches lassen binden.

5.

Weg eitle Welt!
Und was mich helt!
Ich will der Zeit von keiner Freude wissen
Mein JEsus hangt
Und mich verlangt
Mit Ihn zugleich die Augen zuzuschliessen.

6.

Ach dörfft ich dich
Mein ander ich
Vom Creutze weg und in mein Hertze bringen
Da wolt ich dir
Stets mit Begier
Ein Andacht-Lied von deiner Liebe singen.

7.
Ach laß dein Blut
Mein höchstes Guth
Auß deiner Seit in meine Seele fliessen
So soll mein Mund
Zum Liebes-Bund
Nichts anders thun als deine Wunden küßen.

Streit zwischen Christo und der Seelen.

Seele. 1.

WOhin mein HERR / wohin mit schnellen Schritten
Sichs du das Creutze nicht / und deine Marter Bahn
Ach laß dich doch von diesen Weg erbitten
Und stelle deine Reiß auf andern Wegen ahn
Deine grosse Lieb wird dich zum Tode führen
Es sicht dein grosses Aug / die schwehre Plagen nicht
Sie werden deinen Leib mit Ketten ziehren
Und deine Unschuld selbst fürstellen dem Gericht.

2. Christus.

WEmm ja mein Seel mein Willen nicht zum sterben
Es bringet mich darzu des Adams erster Biß
Und daß du nur nicht darffst ewig verderben/
So macht mein Vater selbst / durch seinen Sohn ein Riß
Muß nicht erfüllet seyn / was dort geschrieben
Des Weibes Sahmen nur die Schlange tödten muß
Ihr schnöder Kopff wird sein von ihm zerrieben
Es ist mein Marter-Bahn / dein Seel und Friedens-Kuß.

3. See-

3. Seele.

EIn Tropffen Blut ist ja genug zu waschen
Es darff der Peinen Mäng/und selbst der Tod nicht seyn
Laß mich an deiner Stadt die Juden haschen
Ich geh mit tausend Wunsch die schwehre Marter ein
Dann einmahl kan ich dieses nicht erdulden
Daß ich auf Rosen soll/ und du auff Dörnern gehn
Die Schuldner müssen nur bezahlen Schulden
Und du O reines Lamb/ ohn alle Marter stehn.

4. Christus.

MEin Löwe kan sich/von seinen Wunden heilen
Wann ein gespitzter Dorn in seinen Füßen steckt
Er muß in dieser Quahl so lang verweilen
Biß bey dem Schützen Er / Erbarmung hat erweckt
Denn Dorn hat dir O Seel Adam gelassen
Denn kanst du selber dir/ mit nichten reissen auß
Drumb muß als Schütze ich/ den Dorn umbfassen/
Und dich durch meinen Tod befreyen von dem Grauß.

5. Seel.

SO muß es sein mein HErr / daß du must leyden
So laß auffs wenigst mich/ auch leyden gleich mit Dir
Ich will in keiner Pein/ von dir HErr scheiden
Man gebe gleiche Schläg und gleiches Creutze mir
Schwitzst du O wahrer GOtt die rothen Thränen
So soll mein Wangen Feld/ auch sein ein Thränen Fluth
Nach deinen Kelch will ich mich / stets auch sehnen/
Und deinen schweren Gang/ beglelt mein schwaches Blut.

6. Chri-

6. Christus.

DEin Will ist gut/ zu leyden meine Schmertzen
Leyd du in Willen nur/ es ist genug für dich
Denck offt an meinen Todt/ in deinem Hertzen
Wodurch ein gutes Theil/ mein Pein erleuchtet sich
Deñ was von oben her/ schon ist geschlossen
Das läst sich ändern nicht/ es bleibt schon fest gestelt
Es muß mein Blut vor dich/ Seel sein vergossen
Und ist das Urthel nur/ zu deinen Nutz gefält.

7. Seel.

SO sey mein Will/ mein Geist und mein Gedancken
In deinen schweren Tag/ auff dich HErr stets gewandt
Du trittst beherzt in deinen Marter Schrancken
Es sey mein Geist zugleich/ mit dir auch hingesand/
Du leydest im Werck/ die Mänge der Schmertzen
Und ich sehe zwar nur zu/ doch leyde gleiche Pein
Ich stirb O Christ mit dir in meinen Hertzen
Laß diesen Todt O HERR dir heut gefällig seyn.

Christus am Oelberg zu seinen Jüngern.

1.

GEbet Rath getreue Kinder
Soll ich leyden oder nicht
Wer kan waschen sonst die Sünder
Wann mein Creutz sie frey nicht spricht
Meine Lieb hat mich bewogen
Doch die Quahl mich auch umringt
Hätte Adam nicht gesogen
Wüst ich nicht was Leyden bringt.

2.Ge-

2.

Gebet Rath beinenschte Sinnen
Soll ich leyden oder nicht
Wie kan ich den Todt entrinnen
Denn ihr mir selbst zugericht
Soll ich mich von Tod befreyen
Oder in die Marter gehn
Oder soll das Creutz ich scheuen
Nicht die Todes-Angst außstehn.

3.

Nein ich leyd und will auch leyden
Weils der Vater haben will
Bald wird sich mein Geist itzt scheyden
Weil sich nahet das Todes Ziel
Wer will bethen/der kan bethen
Wer will schlaffen/schlaffe hin
Mich begleiten itzt die Ketten
Schlafft biß ich erstanden bin.

Thränen Unsrer Lieben Frauen unter dem Creutze.

1.

Ihr milden Thränen fliest/du Angst Schweiß meiner Seele
Du bittrer Hertzens Schaum/du trüber Wemuths Jäscht
Ergeuß dich fort für fort/ auß meiner Augen Höhle
Biß mir mein Lebens-Licht dein kalter Strohm außlöscht
Ihr milden Thränen/rinth biß das mir Seel und Sinnen
In eine Trauer-Bach/in eine Fluth zerrinnen.

2.

Benetze diesen Stock/ des dürr und Toden Baumes
An dem der Lebens-Baum/ hängt schmertzlich angeflöckt
Vermänge seinen Fluß von Blut des Purpur Schaumes
Mit Perlen die in sich der Augen Muscheln hägt
Es muß ein Rosen-Thau auß seinen Blut außschiessen
Den selbst der Glaubens Geist/ mit Thränen muß begiessen.

3.

Gott Heyland/ HErr und Sohn/ und Opffer für die Sünde
Laß dieses Creutzes Holtz/ mir mein Altar auch seyn
Der Brüste Mutter Geist/ in Andacht/ die entzünde
Schlüß zwischen deine Lieb/ halb tode Mutter ein
Des Creutzes Wurtzel soll/ zu meinem Gipffel dienen
Wann auch die Seuffzer mein/ zu deinem Leben schienen.

4.

Die Myrrhe die ich dir/ zum Rauchwerck angezündet
Ist mein von Auchzen kalt von Liebe warmes Hertz
Mein Hoffen daß sich hier/ auff diesen Ancker gründet
Ist deiner Mutter Angst/ erblickend Kindes Schmertz
Und stünde nicht mein Trost/ auf deiner Allmacht Füssen
So hätte Seel und Leib/ bey mir längst scheitern müssen.

5.

Mein Haubt ist ohne Witz/ die Glieder ohne Leben/
Die Sinnen ohne Krafft/ die Adern ohne Blut
Ich fühle Forcht und Angst/ umb mein Gemüthe schweben
Auß Furcht bin ich voll Eyß/ aus Angst bin ich voll Gluth
Der Jammer hätte längst/ den Lebens-Brunn verzehret
Wann nicht die Hoffnungs Milch mich hätte noch ernehret.

6.

Ach Lieb und heilig Kind/ ich schaue dich gebunden
Mit Stricken umb den Halß/ mit Nägeln durch die Hand/

Ich fühl in meiner Brust das Merckmahl deiner Wunden
Mein Halß fühlt deine Noth/ mein Hertze deinen Brand
Ich fühl ein schneidend Schwerdt/ durch meine Seele dringen
In dem die Seite dir/ muß durch den Speer auffspringen.

7.

Ich fühle Lipp und Zungen/ und Gaumen mir erherben
Wann itzt dein süsser Mund/ Isop und Galle schmeckt
Die Tropffen welche dich/ mit Rosen Strämen Färben
Die haben meine Brust/ mit Traurigkeit befleckt
Die Dörner welche dir/ durchstechen Schläff und Stirne.
Verletzen mir mein Haubt/ verwirren mein Gehirne.

8.

Ich sterbe den Ach Sohn/ Ach Sohn wer wolte leben
Nach dem der Leben giebt/ selbst auf der Bahre steht
Solt wohl mein Mutter Geist/ Ihm das Geleit nicht geben
Da Himmel Erd und Lufft mit Ihm zu Grabe geht/
Sein wahres Enckel Kind/ die Mutter aller Sachen
Kan nimmer ihren Lauff/ noch ihren Umbkreiß machen.

9.

Der Morgen wird zur Nacht/ das Licht zu düstren Schatten
Das Himmelblau wird Roth/ das Mondensilber Bley
Die Erde will zugleich/ zu Grabe sich bestatten/
Und selbst der Felsen Stärck/ springt biß zu Grund entzwey
Die Sonne schleyert ihr Haubt/ in schwartze Wolcken binden
Und scheint das alles all/ von nun ahn will verschwinden.

10.

Die Turtel Daube grämbt/ sich tod in wüster Höle
Und Ich alles Mutter solt/ der Dauben geben nach
Wie wohl nur Schmertz allein/ noch lebt in meiner Seele
Mein Lebens-öhl zerrint/ mit deinen Blutes Bach.

 Denn

Denn tödet dich der Stahl/ so leid ich gleiche Schmertzen
Die Nägel an der Hand / leid ich in meinem Hertzen

11.

Nicht nur dein Marter-Stich / durchdringt mein Marck und Beine
Ein jeglich Anmuths-Blick / ist mir ein Donner-Keil
Du schüttest Thränen auß / weil ich nicht sattsamb weine
Doch ist der Schmertzen zwar / zu aller Menschen Heyl
Und weil dein franckes Haubt / die Disteln so verwüsten
Kan mich auff solchen Dorn / nach keiner Rose lüsten.

12.

Durch Evens Apffel Biß / und Adams Missethaten
Ist zwar das grosse Feld der Erden hier verderbt/
Das nichts als Dörner nur / auff jhrem Feld gerathen/
Doch hat jhr Undanck noch / jhr Rose selbst zerkerbt.
Ich aber arme Magd / auß der die Roß entsprossen
Die GOtt auf mich gepfropfft / soll ausgehen ungenossen.

13.

Man sieht die Brunnen ja / aus härttesten Klippen quällen
Ach und ihr Mörder macht kein Steinern Auge naß
Schaut ihr die Felssen sich / vor Wemuth nicht erschällen/
Doch muß euer Kiesel Hertz / verhärten Grimm und Haß
Das blosse Holtz wird roth / die Marmel sich bewegen
Ihr müst kein Hertz in euch / kein Blut in Athen hegen.

14.

Ich schlies nun meinen Mund / und hemme meine Zähren
Nicht daß es sey genug / nein / weil ich nicht mehr kan,
Es kan dein blosser Tod / den Meinen nicht verwehren/
Drumb zünde ich zu letzt / mein letzte Schmertzen ahn/

Es

Es wurd mein grosser Sohn / sein Mutter bald verlassen
Dann weil das Leben Tod / muß auch der Tod erblassen.

Thränen eines armen Sünders unter dem Creutze.

1.

Süsses Holtz an dessen Stamme
Dein und unser Schöpffer starb /
Der aus heisser Liebes-Flamme
In so herber Schmach vertarb /
Süsses Holtz sey itzt gegrüsset
Und mit Seufftzen schluck geküsset.

2.

Heiliges Holtz O daß du trägest
Dehn der dich und alles trägt
Und mit dieser Last dich regest
Die dich und die Welt bewegt /
Laß mich unter deinen Fahnen
Meinen Weg zum Himmel bahnen.

3.

Heiliges Creutz an dir erkaltet /
Der / der alles wärmbt und deckt /
Und für dem ein Fels sich spaltet
Wird an dich doch angepflöckt
Todter Baum wie muß das Leben
Selbst an dir den Geist aufgeben.

4.

Lebens Baum der du dir setzest
Selbst aus Liebe diesen Baum

Und den dürren Stock benetzest
Mit der Wunden Purpur Schaum
Laß aus deinen Blut voll brünnen
Mir ins Hertz ein Tropffen rinnen.

5.

O der Wunder That! GOtt leidet
Unser Trost und Tröster schmacht
GOtt! des Todes-Todt verscheidet
Er/die Ehre wird verlacht
Uns durch Schmach und Hohn und Sterben/
Ehr und Leben zu erwerben.

6.

Schaut Er steiget von dem Stuhle
Der gestirnten Ewigkeit
Zu dem Kohl-Pech schwartzen Pfuhle
Unsrer armen Seelen Leid
Umb des harten Kerckers Ketten
In zermalmbten Staub zutreten.

7.

GOtt die Unschuld/ selbst wird schuldig
Und der Seegen wird verflucht
Aller König wird geduldig
Seiner Sclaven hellen Zucht
Das nicht unsern Sünden-Rücken
Schuld/und Fluch und Pein erdrücken.

8.

Schaut die bittren Thränen-Tropffen
Und ein Blutschweiß reiche Fluth
Wegen unsrer Blutschuld stopffen
Des erzürnten Vaters Gluth

Schaut aus Händ und Füß und Seiten
Frische Lebens-Bache leiten.

9.

Seine Wunden/seynd zwar trübe
Von der Pein/ die durch sie bricht
Aber doch/seynd sie von Liebe
Klahrer als der Sonnen-Licht
Die das Blut auß frischen Röhren
Kein mahl aufzuspritzen hören.

10.

Gleichfalls wie die Last den Reben
Kwätscht ihr säfftig Zucker auß
Also präst das Sünden-Leben
JEsu bluttgen Schweiß heraus
Macht das Seel und Geist im Fleische
Für des Höchsten Zorn-Gluth kreische.

11.

Schaut wie sträckt Er an den Pflocke
Die zernarbten Armen aus
Daß Er aus dem Jammer Stocke
Uns zu sich nehm in sein Hauß
Und Er breitet aus die Hände
Daß Er uns sein Heyl zuwende.

12.

Seine Seite muß zerspalten
Daß sein Hertze das nicht kan
Von der heissen Lieb erkalten
Wann ja recht entblöst/ schau ahn/
Neigt Er nicht das Haubt mit Küssen
Seines Balsambs zu genüssen.

13. Him-

13.

Himmel der uns tranckt/uns dürsten
Unsrer Sonn entgeht der Glantz
Und der Printzen Printz und Fürsten
Sticht ein spitzig Dornen-Krantz
Daß uns schon halb-Todten nimmer
Mangeln Rosen/Labsahl-Schimmer.

14.

Jedem Gliede mangeln Kräfften
Marck und Adern sind verzehrt
Nur mit bittren Gallen-Säfften
Wird Jhm Zung und Mund genehrt
Daß Er nur kan für die bitten
Die wie Löwen auff Jhn wütten.

15.

Diß kan Seele/Trost dir geben
Unser Ehr ist JEsus Hohn/
JEsus Tod ist unser Leben
JEsus Kercker unser Thron
Und in JEsus Seiten-Höhlen
Ist die Ruhstadt unsrer Seelen.

16.

Darumb/wenn du solst das Plitzen
Des ergrimbten Vaters fühln
Kom̃ aus JEsus Wunden Ritzen
Rint ein Wasser das kan kühln
Was den Zunder unsrer Sünden
Je vermacht hat zu entzünden.

17. Hat

17.

Hat die Boßheit was verderbet
Machts sein frommer Sohn nicht gut
Was mein Unrecht hat verkerbet
Tilget sein unschuldig Blut
Was ein Mensch für GOtt zu rechen
Sind für seinem Heyl Gebrechen.

18.

Will sein Zorn deñ nach der Schärffe
Und nach strengem Recht verfahrn/
Kan/ wohin ich mich gleich werffe/
Mich zwar nichts von Jhm verwahrn/
Denn der Donner seiner Lippen
Schmeltzet Eys/ zerdrümmert Klippen.

19.

Flüg ich mit den Eos Flügeln
Weiter als die *Doris* sich
Pflegt mit Felsen sich zu verzügeln
Seine Rache findet mich
Aber endlich kombt der Schatten
Dieses Creutzes mir zu statten.

20.

Drumb O JEsu wenn die Welle
Der Versühnung an mich setzt
Und der Sturmwind auß der Hölle
Mich schon für bezwungen schätzt
Lasse meinen Glaubens-Nachen
An dem Creutze feste machen.

21.

Wo das Steyer wird zerschellet
Wo kein Ancker Grund gewinnt
Wo der Trost ins Wasser fället
Hoffnung/ Hilff/ und Heyl zerrinnt
Wird am Creutz in JEsus Wunden
Port und Paradieß gefunden.

Die mit Christo unterm Creutz mitleidende Seele.

1.

MEin GOtt/ mein Trost mein Freud
In was für Traurigkeit
Find ich am Oelberg dich mit höchster Angst umbgeben
Dein Schweiß mit Blut vermängt
Die Thränen eingesprengt
Ach weh nun seh ich schon / der Tod ringt mit dem Leben
Es ist schon an der Zeit
Der Kelch ist bereit.
Gehorsamb-lich
Den Vater thust ergeben dich.

2.

Was meine Missethat
Vor Straff verdienet hat
Muß das unschuldig Lamb / allein die Buß ertragen
Ich seh mein Königs Sohn
In einer Dörnen Crohn
Das hat die Sünd gemacht/ Ach Mensch thu dich anklagen/
JEsus gantz jämmerlich
Mit Geisseln schlägt man dich
Gieb das dein Schmertz
Durchdringen mag mein Steinern Hertz.

3. Du

3.

Du meiner Seelen Freud
Ist es dann an der Zeit
Daß du des Creutzes Last/ must nehmen auff deinen Rucken
Du eylest zu dem Todt
Allein aus Lieb mein GOTT
Dein gantz verwundenen Leib/ thut es zu Boden drucken.
Du leidest mit Gedult
Diß was ich hab verschuld
Mein GOTT gieb mir
Daß ich dein Schmertzen zertheil mit dir.

4.

Ans Creutz man hefftet dich/
Dem Seele scheidet sich
Dein Hertz in Liebe doch brent an das Creutzes Stammen
Mit einem Speer verwundt
Damit man sehen kunt
Das du verlangest nicht/ den Sünder zu verdammen
Gieb mir Gnad O GOtt
Daß ich dir biß in Todt
Mit Hertzen Sinn
Vor deine Liebe danckbar bin.

Bußund Ende Gedancken.

ES scheint mein SündenBalck/sey einmahl abgezogen
Und mit der Eitelkeit verächtlich hingelegt
Gewinnt man aber diß/ was man zuvor gepflogen
Und hasset was die Lust/ in ihren Armen trägt
Ist auch ein steiffer Schluß/ in den verderbten Sinnen/
Nun gäntzlich abzuthun/Zorn/Geilheit/Pracht und Wein?

Wird

Wird die Gewohnheit dich/ zu meistern noch gewinnen
Und diese FastenZeit / der Sünden Endschafft seyn?
Den Anfang dehn du machst / ist billich hoch zu halten/
Doch muß der Anfang nicht / bald bey dem Ende stehn/
Das rechte Froñ sein muß/ nach Ostern nicht erkalten
Und der gewohnte Füß/ in alten Wegen gehn/
Bekriege nun vor dich/ dein flüchtige Gedancken
Stoß alles von dir weg/ was nicht nach Erbar schmeckt/
Bewahre Tag und Nacht/ des Hertzens reine Schrancken
Und schaue daß dich nicht das alte Feuer befleckt
So wirst du diese Welt/ und ihre Schätze höhnen
Die Schätze voller Rost / die Schätze voller Nacht
Und dein bekehrtes Haubt / wird eine Crohne Cröhnen
Dergleichen nie kein Heid/ auff seinen Schlaff gebracht.

ENDE. Da JEsus stirbt.

WIrd Euer Glaub auch hier/ ihr Sterblichen zu klein?
Das Gott des Lebens Bruñ/ hier muß sein Leben schliessen
Das GOtt dem Sonn- und Mond die Sterne dancken müssen
Doch sein so grosses Häubt/ hült in ein Küttlein?
Die Sonn so uns scheint / borgt ja von der den Schein
Weist Euch lebendig dar/ durch schwartze Finsternüssen
Daß sey in der Natur/ der Mittel-Punct zerrissen/
Der in Drey Einigkeit muß eine Leiche seyn
Nicht ärgere Seele dich/ bestürtzte zweifle nicht
Glaube nur daß dein GOtt / der wahren Gottheit Licht
Lies werden Mensch und Fleisch/ das Licht dir zu erwerben/
So glaub auch das Gott stirbt. Den zwischen Mensch uñ Gott
Ist ein viel ferner Ziel/ als zwischen Mensch und Tod
Mehr das ein Gött wird Mensch/ als das ein Mensch kan sterbẽ.

E N D E.